Yo los Declaro... Socio y Socia

Aplicando los principios empresariales al matrimonio

Yo los Declaro... Socio y Socia

Aplicando los principios empresariales al matrimonio

Dr. Juan Pablo Aguilar y Dra. Mónica Pérez Contreras

Yo los Declaro… Socio y Socia: Aplicando los principios empresariales al matrimonio

AUTORES: Dr. Juan Pablo Aguilar y Dra. Mónica Pérez Contreras

DISEÑO DE PORTADA:

Instituto de Reingeniería Actitudinal – INDRAC

ÍCONOS DE PORTADA: FREEPIK

(tomado de www.flaticon.com)

FOTOGRAFIA DE LOS AUTORES

Dania Valdez

Fb.com/luna2verde

REVISIÓN ORTOGRÁFICA Y DE ESTILO:

Instituto de Reingeniería Actitudinal – INDRAC

PUBLICADO POR:

Instituto de Reingeniería Actitudinal – INDRAC

contacto@indrac.org   www.indrac.org

Marzo de 2023

ISBN: 9798386697600

Registro Safecreative: 2001242933000

Todos los derechos reservados

Queda prohibida cualquier forma de reproducción, distribución, comunicación pública y transformación de esta obra mediante cualquier medio impreso o electrónico, sin contar con la autorización escrita de los autores. La infracción de los derechos mencionados puede ser constitutiva de delito contra la propiedad intelectual

Dedicatorias

A ti, lector, que nos dedicas tu tiempo y tu atención, ya sea que nos conozcamos o no, escribimos este libro, pensando en ti.

A los matrimonios que luchan por seguir adelante; a los que aún en estas épocas en que los medios nos seducen hacia el egoísmo y el placer inmediato (y a desechar todo lo que pueda requerir un esfuerzo), se mantienen unidos, procurando cuidar y nutrir sus familias y colaborar en la formación de una sociedad más humana. De manera muy especial, a los que con su ejemplo nos han demostrado que sí es posible formar matrimonios y familias que, a pesar de los inevitables retos de la vida, se mantengan unidos y felices.

A la Srita. Koneko, deseando que nuestros esfuerzos por crecer día a día en el amor permanezcan en su memoria como fuente de fortaleza e inspiración.

A nuestros lectores, clientes y alumnos, que nos brindan su confianza y nos dan razones para seguir contribuyendo a que personas y negocios liberen su potencial y reescriban su historia.

A Cezar y Ondina Popescu por hacernos el honor de prologar Yo los Declaro... Socio y Socia; a Jorge Contreras y Martinica Mejía, Letty Mayorga y Rodrigo Ramírez, Cuauhtli Arau y Carolina Cisneros, Héctor Narro y Mónica Aceves, Miriam Bretón y Héctor Trujillo, por hacernos el gran regalo de su tiempo y sus comentarios.

A Dios y a María Santísima, *tantus labor not sit cassus*.

A todos los que, de manera directa o indirecta, hicieron posible la realización de este libro.

Contenido

Sobre los autores	1
Prólogo	5
Introducción	9
Primer paso: Alinear el enfoque	18
Segundo paso: Fijar el objetivo	26
Tercer paso: Hacer el diagnóstico	28
Departamento de Ventas	29
Contabilidad y Finanzas	34
Dirección General	39
Servicio al Cliente	43
Departamento de Recursos Humanos	51
Departamento de Producción	54
Departamento de Calidad	58
Departamento de Mantenimiento	62
Departamento de Innovación	66

Cuarto paso: Elaborar el plan de acción	71
Quinto paso: Poner en marcha el plan	75
Sexto paso: Hacer revisiones y ajustes	78
Epílogo: No todos los negocios son iguales	80

Anexos

I.	Test ¿Cómo anda *MATRIMONIO, S. A.*?	82
II.	15 Enemigos de MATRIMONIO, S. A.	83
III.	Cómo convertir errores en aprendizajes	85
IV.	Cosa de juego	87
V.	¿Dónde está el enemigo?	89

Acerca del Instituto de Reingeniería Actitudinal   91

Sobre los autores

¿Qué pasa si juntas una química con especialidad en calidad y un administrador con enfoque humanista, que además son coaches? Definitivamente, Dios tiene sentido del humor.

Mónica es doctora en Dirección Estratégica y Gestión de la Innovación y Juan Pablo es doctor en Ciencias del

Desarrollo Humano. Han estado casados por más de 20 años; en este tiempo han tenido la oportunidad de superar distintos desafíos e ir creciendo como personas y como pareja, siempre disfrutado y aprendiendo el uno del otro (además de "hacerse renegar" mutuamente de vez en cuando).

Toda su vida adulta han estado involucrados con la empresa, lo que, junto con su marcada tendencia analítica, les ha permitido darse cuenta de que, al observar a los matrimonios como organizaciones, es posible notar situaciones, relaciones y soluciones que de otra manera son difíciles de detectar.

Juan Pablo y Mónica comparten el gusto por transmitir lo que aprenden y procuran mejorar la calidad de vida de quienes les rodean, lo cual llevan a cabo mediante sus publicaciones, conferencias, cursos y talleres. Se dedican a la Reingeniería Actitudinal desde 2013 y son fundadores del Instituto de Reingeniería Actitudinal.

Juan Pablo

- Facebook.com/DrActitud
- Twitter@DrJuanPabloAgui
- Linkedin.com/in/DrActitud

www.DrActitud.com

Mónica

- Facebook.com/monica.coach
- Twitter@CoachMonicaPC
- Linkedin.com/in/monicapc

Prólogo

"Mi pareja me va a amar con todo el corazón porque voy a encontrar mi pareja perfecta". Esto es lo que todos pensamos cuando buscamos pareja. Y no decimos que sea algo malo, no es malo, sólo que no es realista y no lo vas a cumplir. No es posible encontrar la pareja perfecta, porque la pareja perfecta no existe; la pareja perfecta es la pareja con cual te construyes y se construyen cada día.

Observa a las parejas que han estado juntos por muchos años y que todavía se aman y son felices: no es que al amarse su vida se haya tornado perfecta, como en los cuentos de hadas: sin problemas, sin crisis, sin desafíos, sino que han pasado juntos por momentos difíciles y han sabido salir de ellos amándose más fuerte cada día. Así es la vida real de las parejas y los autores de este precioso libro lo exponen ampliamente.

MATRIMONIO, S. A. se tiene que atender todos los días y se tiene que analizar y construir con paciencia, amor... y un poco de habilidades de consultoría administrativa. Un matrimonio sin objetivo es como un barco en el mar que no sabe a dónde quiere ir, las olas lo llevan y lo llevan y lo llevan... el tiempo pasa muy rápido y un día los dos integrantes del matrimonio se sorprenden de que no saben dónde están y ni siquiera saben por qué están juntos.

Los autores acompañan al lector a través de los distintos pasos de una consultoría de negocios, ofreciéndole la perspectiva del pensamiento sistémico e integrador, analizando las partes de su matrimonio, la manera en que se interrelacionan y su razón de ser, ayudándole a realizar un profundo diagnóstico sistémico de su empresa más valorada (por lo menos así debería ser), MATRIMONIO, S. A.

Tu matrimonio es único y es tuyo y de tu pareja, ustedes tienen el control y el poder de decisión sobre su pasado y presente, para poder construir su futuro. Es muy fácil empezar otro negocio (otro matrimonio), pero va a ser igual de difícil hacerlo funcionar a largo plazo.

Cada día, cuando te levantas, ten en mente que tienes en tus manos tu matrimonio y que las acciones que realizas contribuyen para su fracaso o para su éxito. ¡Que sea para su éxito!

Dr. Cezar Dan Popescu, Dra. Paula Ondina Popescu

32 años de socios.

Introducción: ¿En qué se parecen los matrimonios y los negocios?

Como ya habrás adivinado, los matrimonios y los negocios tienen muchas cosas en común: tanto las empresas como los matrimonios están formadas por personas; requieren acuerdos legales y morales, involucran procesos y generan productos, son influenciados por su medio ambiente (en el que, por cierto, hay mucha competencia), y al mismo tiempo influyen en él, los dos comienzan voluntariamente y en ninguno de ellos es suficiente sólo con iniciarlos, sino que necesitan de constantes ajustes y actualizaciones.

En *Yo los Declaro... Socio y Socia* **hablamos de los esposos como si fueran socios uno del otro**, sin embargo, hay aspectos de la vida matrimonial en que conviene considerarlos de otras maneras, así que en distintos momentos exploraremos su relación como cliente y proveedor, los veremos como vendedores, supervisores de producción, técnicos de mantenimiento, inspectores de calidad y gerentes de recursos humanos, sin dejar de lado el rol de gerentes de innovación.

Escribimos *Yo los Declaro... Socio y Socia* con el mejor y más sincero deseo de ayudar y para nada pretendemos decirte cómo debe ser tu matrimonio: siempre y cuando haya amor, respeto, perdón, y busquen constantemente la armonía, es normal y sano que cada uno sea diferente. Pensamos que **los matrimonios son como obras de arte: cada uno es único y sus diferencias y particularidades son parte de su belleza.**

Imagínate que con mucha ilusión y mucho esfuerzo pusiste un negocio y, de pronto, las cosas comienzan a ir mal (las ventas o las ganancias bajan, etc.). No cierras el negocio a la primera y comienzas otro desde cero ¿verdad? Después de todo, por algo comenzaste con él, seguramente te interesa y estarás dispuesto a hacer cambios para que vuelva a ser como antes, o incluso mejor...

Así como las personas perfectas no existen, tampoco hay empresa ni matrimonio perfectos. Tanto a nivel personal como en el matrimonio, necesitamos estar haciendo ajustes constantemente: siempre hay retos internos y externos, el entorno y las personas cambian todo el tiempo y eso está bien, es lo natural; *la idea es vivir en un proceso de mejora continua* (dar lo mejor de cada uno, reconocer los errores y ajustar el rumbo) *y disfrutar el proceso*.

Hemos escrito *Yo los Declaro... Socio y Socia* para acompañarte en tu camino hacia un matrimonio mejor, "la mejor versión de tu matrimonio", "tu matrimonio 2.0", o como tú y tu socio(a) decidan llamar a la nueva forma de ser que desean para su matrimonio, la idea es que le pongan un nombre que sea significativo para ustedes y hagan suyo este proyecto.

Yo los Declaro... Socio y Socia está diseñado para que les sirva como un punto de inicio para después reflexionar y actuar: ¿Qué pasa cuando vas de viaje y contratas un guía? El guía es la persona que conoce el lugar, él te acompaña y te muestra el sendero, pero tú eliges en qué puntos poner más atención o a cuáles dedicarles más tiempo. Así, al ir leyendo, algunos temas te llamarán más la atención que otros, tú y tu esposo(a) eligen en qué puntos trabajar y a qué profundidad.

Para sacarle un mayor provecho a *Yo los Declaro... Socio y Socia*, es necesario que cada quien se centre en lo que, de manera personal, puede hacer o poner de su parte para mejorar su matrimonio; al fin y al cabo, *la única persona sobre la que tenemos control, la única persona que podemos cambiar, es a nosotros mismos.* Así que más que hacer una lista de las cosas en que tu pareja "está mal" o "tiene que cambiar" para mejorar o salvar su matrimonio, piensa qué estás dispuesto a hacer tú (y qué vas a hacer realmente) para mejorar cada aspecto de su matrimonio; es algo tan importante que lo vamos a repetir: **más que hacer una lista de las cosas en que tu pareja "está mal" o "tiene que cambiar" para mejorar o salvar su matrimonio, piensa qué estás dispuesto a hacer tú (y qué vas a hacer realmente) para mejorar cada aspecto de su matrimonio.**

A lo largo del libro haremos un recorrido como si estuviéramos haciendo una consultoría de negocios –en este caso, será una "auto-consultoría" de tu matrimonio– (llamaremos a tu matrimonio MATRIMONIO, S. A.) Los consultores a veces tratamos con el consejo de administración de la empresa y en otras ocasiones con algunas personas en particular, también **tú elige si lees el libro por separado, en conjunto con tu socio(a), o primero separados y después juntos.**

En cualquier consultoría es muy importante ser sinceros; te recomendamos que también en la "auto-consultoría" que proponemos en este libro te des permiso de *responder con la verdad* para poder aprovecharla al máximo; además es importante que respondas las preguntas *de la manera más concreta y objetiva posible*, ya que este es el primer paso para poder hacer mejoras que también sean concretas, que realmente renueven su relación de pareja.

Pasos De La Consultoría

I.- Alinear el enfoque:
Ponerse de acuerdo sobre la forma de pensar, de poner metas y actuar que más convenga para alcanzar lo que se desea.

II. Fijar el objetivo:
Definir qué se quiere lograr con la consultoría: no cuál es el problema, no quién tiene la culpa; lo importante es enfocarse en la solución.

III. Hacer el diagnóstico:
Detectar cuál es el estado actual, qué tan lejos o cerca estamos de lo que queremos lograr.

IV. Elaborar el plan de acción:
Elegir qué se va a hacer para ir de la situación actual a la deseada, tomando cada quien su responsabilidad.

V. Poner en marcha el plan:
Comenzar a llevar a cabo las acciones que se seleccionaron al elaborar el plan de acción.

VI. Hacer revisiones y ajustes:
No hay planeación que resista la realidad, así que será necesario ir adecuando el plan y las acciones según los resultados que se vayan obteniendo.

El propósito de *Yo los Declaro... Socio y Socia* es ayudar con los tres primeros pasos de la "auto-consultoría" de *MATRIMONIO, S. A.* (alinear el enfoque, fijar el objetivo y hacer el diagnóstico) y darte algunas guías para los tres pasos restantes (elaborar el plan de acción, ponerlo en marcha y hacer revisiones y ajustes); queda en tus manos poner en práctica cada paso, ya que los cambios no van a ocurrir con sólo leer este libro: dependen de tu socio(a) y tú, de que decidan hacer las mejoras que detecten que hacen falta. Te invitamos a tener en mente tu interés en mejorar tu matrimonio (si no lo tuvieras, no estarías leyendo este libro) y lo que quieres lograr en *MATRIMONIO, S. A.*, así mantendrás tu motivación durante este proceso.

Consideramos que Yo los Declaro... Socio y Socia te será útil si...

- ✓ No sabes qué hacer con MATRIMONIO, S. A.
- ✓ Sabes qué hacer con MATRIMONIO, S. A. pero no sabes cómo lograrlo.
- ✓ Sabes qué hacer y ya has hecho algo, pero los resultados no han sido los mejores.
- ✓ Sabes qué hacer, cómo hacerlo y has tenido buenos resultados, pero sabes que lo mejor aún está por venir.

Primer paso: Alinear el enfoque

Cuando iniciamos cualquier proyecto de consultoría, nos gusta tomarnos un tiempo para hablar con nuestros clientes de un tema necesario para que las actividades que se realicen en ella realmente rindan frutos: *la manera de pensar*. Hacemos esto porque sabemos por experiencia que, al llevar a cabo cualquier proyecto, una **gran parte de la probabilidad de éxito o fracaso se debe a la manera de pensar** que tenemos al trabajar en él, la cual **influye en nuestra manera de ver la realidad y de actuar**.

Para que tu socio(a) y tú tengan la mayor probabilidad de éxito llevando MATRIMONIO, S. A. al siguiente nivel, te sugerimos estos 10 puntos que adaptamos del libro *Reingeniería Actitudinal: La Ciencia Y El Arte de Potenciar La Actitud* y que sabemos que te serán de gran ayuda al elegir tu forma de pensar.

1. **Comprende, en lugar de juzgar:**

   Ponte en los zapatos del otro, si tuvieras su misma historia y manera de pensar, probablemente hubieras hecho lo mismo que la otra persona.

2. **Propón, en vez de criticar:**

   Cuando algo no te agrade, busca y propón una mejor manera de hacerlo: sirve más y es mejor recibido que una crítica.

3. **Date permiso de intentar algo nuevo:**

   Sólo cuando superamos el miedo de hacer las cosas de otra manera podemos obtener resultados distintos.

4. **Piensa desde el aquí y el ahora:**

   Tal vez hay cosas que quisieras que fueran distintas, pero ni el "hubiera" ni el "pudiera" cambian nada, céntrate en lo que sí puedes hacer en tu situación actual.

5. **Si hay un problema, enfócate en encontrar la solución:**

   Lo importante es resolver la necesidad que el problema presenta, no darle atención al problema en sí (a veces nos ponemos a pensar en quién le dijo qué a quién y a repasar cómo pasaron las cosas, eso nos distrae de encontrar la solución) redirige tu atención a conseguir lo que necesitan.

6. **Exprésate en positivo:**

   Habla de lo que quieren y lo que les gusta, en lugar de lo que no quieren o no les gusta (y piensa de la misma manera).

7. **Haz lo posible, en lugar de pensar en lo imposible:**

   Genera opciones, no excusas, es decir, busca *cómo sí* se pueden lograr las cosas, en *lugar de por qué no* se pueden hacer de cierto modo.

8. *Céntrate en lo que depende de ti:*

Cuando algo no nos agrada, es muy fácil ponernos a pensar en lo que los demás podrían hacer para arreglarlo, sin embargo, eso sólo nos quita energía. Como ya lo habíamos mencionado, la única persona que podemos hacer que actúe diferente, a la única que podemos cambiar, es a nosotros mismos. Cuando cambias tú, cambia tu mundo.

9. **Cuando dialogues con tu pareja, procura escuchar, más que hablar:**

Al final de cuentas, tú ya sabes lo que piensas, lo interesante es comprender cómo tu pareja está viviendo la situación. Tenemos una boca y dos oídos para escuchar el doble de lo que hablamos.

10. **Ten presente que el cambio es un proceso, no un evento:**

Los cambios ocurren poco a poco, con errores y

aciertos y —si estás dispuesto a aceptarlos —con muchos aprendizajes; necesitamos tener (y tenernos) paciencia y aceptación y, en vez de desesperarnos y regresar a las antiguas costumbres, mantener el rumbo hacia lo que queremos lograr, aunque en ocasiones sea necesario hacer cambios en la manera en que lo estamos haciendo.

Otra forma de pensar que solemos presentarle a nuestros clientes en las consultorías (que nos ayuda a coordinar mejor los esfuerzos que hacemos durante cualquier proyecto y a obtener mucho mejores resultados) es el **pensamiento sistémico**. Te lo presentamos a continuación.

¿Has notado como todas las partes del cuerpo, aunque cada una tiene sus funciones, están relacionadas entre sí y tienen una meta común? **El pensamiento sistémico consiste en estar consciente del todo** (el cuerpo) y, a la vez, **de cada uno de sus componentes** (cada una de sus partes), **y de las maneras en que se relacionan entre sí.**

¿Qué tiene que ver esto con las empresas o con el matrimonio y por qué es importante? Si queremos ver la imagen completa, tanto en las empresas como en el matrimonio, conviene mantener esta perspectiva, de otro modo corremos el riesgo de perder de vista la influencia que unas partes tienen sobre las otras. Tal vez modifiquemos algo en una parte sin tener en cuenta cómo afectará a las demás, o al ver una situación pensemos que la causan únicamente las circunstancias más relacionadas con ella, etc.

Existen situaciones que sólo pueden resolverse si usamos esta manera de pensar; este es el poder del pensamiento sistémico. Al pensar en tu matrimonio, recuerda "ver todo el bosque, no sólo el árbol" (empezando por tomar en cuenta tanto tu opinión, como la de tu pareja).

Si *MATRIMONIO, S. A.* fuera el cuerpo...

- ✓ ¿Cuáles serían las partes que lo componen?
- ✓ ¿Cuál es el fin común de *MATRIMONIO, S. A.*, el "para qué", su razón de ser?
- ✓ Los elementos que forman *MATRIMONIO, S. A.* ¿se ayudan entre sí, se estorban unos a otros, o algunos necesitan que los otros "los suplan" en su trabajo?
- ✓ Al pensar en MATRIMONIO, S. A., ¿cómo puedes darte cuenta de si estás pensando en todo el conjunto o sólo en alguna(s) de sus partes?

Matrimonio, S. A. es como un sándwich

Imagínate que te preparas un sándwich ¿A qué sabe? Depende de los ingredientes que hayas utilizado, ¿no? Si quieres comer un rico sándwich, vas a elegir ingredientes que te agraden (claro, dentro de lo que tengas en tu casa) y a cuidar que estén en buen estado, de lo contrario, un descuido en uno solo de los ingredientes puede arruinarte la experiencia.

Lo mismo pasa con la felicidad en *MATRIMONIO, S. A.: es el resultado de la suma de muchos componentes,* para lograrla, es necesario identificar cuáles son los ingredientes necesarios y cómo mantenerlos frescos, así como qué circunstancias podrían echar a perder su sándwich; así como sólo puedes hacer un sándwich con los ingredientes que tienes, para lograr realmente ser feliz con tu pareja, conviene que hagas lo mejor que puedas en tus circunstancias actuales, en lugar de esperar "el momento ideal" (que, por cierto, nunca llega).

Segundo paso: Fijar el objetivo

Este paso es de vital importancia: si tú y tu pareja no tienen claro qué es lo que quieren lograr, lo más probable es que los esfuerzos que hagan por mejorar sólo resulten en un desgaste que no les produzca resultados satisfactorios, es como "dar palos de ciego". Seguro habrá mucha actividad, pero **lo más probable es que no obtengan los resultados deseados**, solamente tendrán *la ilusión* de estar haciendo algo al respecto.

> Recuerda que no sólo importa **qué** haces, sino también **cómo** lo haces, ya que en el **cómo** están incluidas tus razones, intenciones, etc.

Queremos recalcar que lo importante es que **aclaren lo que quieren lograr**, como ya lo habíamos mencionado, usando un lenguaje positivo (qué quiero lograr, en vez de qué quiero evitar, etc.), **enfocándose en el logro**, es decir, **en la situación deseada**, evitando proponerse objetivos que más bien impliquen alejarse de algo o dejar de hacer algo, por ejemplo, en lugar de tratar de *dejar de* pelear, proponerse *comenzar a dialogar* desde el amor.

Tercer paso: Hacer el diagnóstico

Una vez que, juntos, han aclarado qué es lo que quieren lograr, es momento de **analizar cuál es su situación actual**. En este capítulo te invitamos a reflexionar sobre el estado actual de *MATRIMONIO, S. A.* comparándolo con algunas de las áreas que forman la mayoría de las empresas.

Departamento de Ventas

Es un día de esos en que el calor casi te derrite las suelas de los zapatos, así que entras a una paletería, escoges el sabor que más te gusta... pero nadie te atiende: hay varios empleados, pero todos están al fondo del local, unos quejándose del calor y otros "clavados" en su celular. Ahora imagina que cruzas la calle hacia la paletería que hay en la acera de enfrente y, al acercarte, el empleado te da la bienvenida, te invita a pasar y te ofrece sus paletas más refrescantes. ¿Cuál negocio crees que venda más?

Toda empresa comienza con la idea de atender una necesidad mediante un producto o servicio; el siguiente paso es pensar a quién se lo van a ofrecer, a quién le va a ser de utilidad, esto es parte de la labor del Departamento de Ventas:

La finalidad del Departamento de Ventas es atraer a los clientes y convencerlos de hacer negocios con la empresa.

Es importante que las empresas sepan distinguir a sus clientes de:

- ✓ los beneficiarios (personas que no adquieren el producto o servicio, pero que lo utilizan).
- ✓ los influenciadores (personas que tampoco hacen la compra directamente, pero que tienen influencia en la decisión de compra).

Aunque no todos los productos o servicios involucran beneficiarios, para la mayoría de ellos sí existen influenciadores.

Volviendo al tema del matrimonio, los beneficiarios normalmente son los hijos (en caso de haberlos) y los influenciadores son las personas que, consciente o inconscientemente, tomamos en cuenta al tomar decisiones respecto a nuestro matrimonio.

Además de identificar a su cliente, un buen vendedor procura conocer:

- ✓ cuáles son sus gustos y qué le molesta,
- ✓ sus necesidades,
- ✓ qué o quiénes influyen en su decisión de comprar
- ✓ y si, además del cliente, hay otras personas que se beneficiarán con esa compra.

Un Departamento de Ventas saludable debe mantener viva y sana la relación entre la empresa y el cliente, lo que da como resultado clientes felices que no piensan en comprarle a alguien más.

Diagnóstico del Departamento de Ventas en MATRIMONIO, S. A.

Tú eres el vendedor (quien ofrece los productos o servicios), tu cliente es tu pareja, entonces:

- ✓ ¿Qué le gusta a tu cliente?, ¿qué le molesta?, ¿qué haces con esta información en el día a día?, ¿la usas para crear paz y armonía?
- ✓ Inicialmente ¿qué hizo que tu cliente se fijara en ti?, ¿todavía lo haces?
- ✓ ¿Buscas a tu cliente o esperas a que él/ella te busque?
- ✓ ¿Qué mantiene viva la relación con tu cliente?
- ✓ ¿Qué escuchan, ven y sienten cuando están contigo tu cliente y tus beneficiarios?
- ✓ ¿Quiénes son tus influenciadores?, ¿cuánto permites que influyan en tu matrimonio?, ¿le suman o le restan a tu relación de pareja?

- ¿Te gustaría comprarle a alguien como tú?

> ### Consejo De Ventas
>
> Recuerda: Para que te vaya bien a ti, debe irle bien a tu cliente.
>
> No trates de vender por vender, más bien investiga las necesidades de tu cliente y ofrécele soluciones.

Contabilidad y Finanzas

Una vez, al preguntarle a un cliente cómo iba su negocio, respondió: "Yo creo que bien: entra mucha gente y hay dinero en la caja" (al poco tiempo, el negocio quebró). Si es cierto que, al menos en un negocio físico, es necesario que las personas se acerquen, lo conozcan y entren, eso no nos da información respecto a las ventas ni a las ganancias.

Para el arranque de un negocio no es suficiente tener una buena idea, es necesario contar con el capital que nos permita enfrentar la inversión y los gastos iniciales. Una vez que el negocio está funcionando, el objetivo será hacer que el capital original crezca, es decir, genere ganancias; si no hay ganancias lo que tienes tal vez sea un pasatiempo, pero no es un negocio, y si pasa mucho tiempo así, o generando pérdidas, tarde o temprano tendrá que cerrar.

En las empresas, el Departamento de Contabilidad y Finanzas vigila que existan las cantidades adecuadas de dinero en el momento adecuado, planea (junto con la dirección general) a dónde destinar el dinero y cómo obtener más cuando es necesario; también es el encargado de medir el rendimiento del dinero en cada destino que se le da.

Tal vez te preguntes qué es el dinero en MATRIMONIO, S. A. Claro está que cualquier familia necesita dinero "real" para costear sus necesidades cotidianas, pero eso no es lo que hace funcionar al matrimonio, sino el amor.

> El amor es lo que permite a los matrimonios exitosos hacer frente a los "gastos" cotidianos como el cansancio, las frustraciones, decepciones, la necesidad de realizar algunas labores que realmente no tenemos ganas de hacer, etc.

Recuerda que MATRIMONIO, S. A. no es un pasatiempo, es un negocio, tiene que producir ganancias, es decir producir amor.

En los negocios necesitas tener presente la perspectiva financiera de todo lo que haces. Del mismo modo, en MATRIMONIO, S. A. hay que tener en cuenta el amor, reflexionar si con lo que dices y haces provocas que aumente o disminuya, así como pensar qué opciones tienes para hacerlo crecer. **Al ver las cosas desde la perspectiva del amor, comprenderás cosas que antes no entendías y descubrirás posibilidades que anteriormente no habías visto.**

Diagnóstico del Área de Contabilidad y Finanzas en *MATRIMONIO, S. A.*

- ✓ *MATRIMONIO, S. A.* ¿tiene ganancias o pérdidas?
- ✓ ¿Con qué ganan "dinero" (amor) en *MATRIMONIO, S. A.*?
- ✓ ¿Qué hace que "se les vaya el dinero" (el amor) en *MATRIMONIO, S. A.*?
- ✓ *MATRIMONIO, S. A.* ¿es realmente un negocio?, ¿está basado en las ganancias (amor) o funciona por otras razones, por ejemplo, costumbre, miedo a estar solos o al qué dirán?

A Veces Solemos Confundir...

Cariño:

Sentir simpatía, afecto, por una persona, disfrutar su compañía.

Admiración:

Querer estar con una persona por lo que hace o por lo que sabe.

Atracción:

Sentir agrado principalmente por el físico de una persona.

Enamoramiento:

Magnificar las cualidades y minimizar los defectos de una persona, generalmente antes de conocerla bien, basándonos principalmente en cómo pensamos que es o queremos que sea.

Dependencia:

Mantener la relación porque uno o ambos sienten que es imposible vivir separados.

Costumbre:

Continuar juntos por inercia, porque "las molestias no han superado a los beneficios".

Amor:

Desear y procurar lo mejor para la otra persona, incluso antes que para uno mismo.

Dirección General

Recuerda el festejo de tu boda... Ahora imagínate que contrataste una empresa para organizar la fiesta y cuando por fin es el gran día y todos llegan al salón, lo encuentran bellamente adornado, pero con motivos de quinceañera; al acercarse más, escuchan la música sonando al gusto del DJ, que no es precisamente igual al tuyo. Todas las mesas que les prepararon son "periqueras" y en lugar de la iluminación a media luz que habían imaginado, todas las luces están prendidas. Por último, les sirven la cena fría. Cuando vas a hablar con el dueño del lugar, te das cuenta de que nada se hizo con mala intención, al contrario, todos los empleados son muy trabajadores y cada quien hace lo que le parece que mejor puede aportar para el festejo ¿Qué pasó, entonces? Que no tuvieron alguien que los coordinara, pusieron periqueras porque el encargado trató de dejarles más espacio para la pista de baile; el vigilante prendió todas las luces para que nadie se tropezara, y el chef preparó la cena muchas horas antes de servirla porque consideró que lo importante era que toda la comida estuviera lista con anticipación.

La Dirección General es la responsable de hacer la diferencia entre un grupo de gente que trabaja y una empresa conformada por un equipo de personas que comparten su labor, ideas y esfuerzos, y se ayudan mutuamente a mejorarlos, generando grandes resultados. Se encarga de realizar la planeación estratégica, es decir, decidir qué se quiere lograr con la empresa y cómo se quiere llevar a cabo y hacer los ajustes necesarios para mantenerla funcionando conforme a lo planeado. También es responsable del crecimiento, desarrollo y consolidación de la empresa.

En *MATRIMONIO, S. A.* la Dirección General está a cargo de tu pareja y de ti: les corresponde a ustedes **decidir en consenso** en qué quieren que se convierta su matrimonio y cómo lo van a lograr.

Diagnóstico de la Dirección General en *MATRIMONIO, S. A.*

- ✓ ¿Qué está bien y qué conviene mejorar en *MATRIMONIO, S. A.*?
- ✓ ¿Qué cosas del ambiente pueden ayudar a *MATRIMONIO, S. A.*?
- ✓ ¿Qué cosas del ambiente pueden perjudicar a *MATRIMONIO, S. A.*?
- ✓ ¿Qué los mantiene unidos?
- ✓ ¿Cómo toman las decisiones en *MATRIMONIO, S. A.*? ¿hay consenso o más bien una lucha de poderes?

- ✓ En MATRIMONIO, S. A.
  - ➢ ¿Tienen una **misión** definida? Es decir, ¿tienen claro **qué hacen** como pareja?
  - ➢ ¿Saben cuál es su **identidad, qué son** como matrimonio? (una pareja, un equipo, dos personas que se quedaron juntas por costumbre, dos desconocidos que comparten casa...).
  - ➢ ¿Tienen clara su **visión**? En otras palabras, ¿saben **para qué** hacen lo que hacen o qué quieren lograr con lo que hacen?
  - ➢ ¿Cuáles son sus **valores**?, ¿**qué es importante** para ustedes?
  - ➢ ¿Tienen un plan de negocios?, o sea ¿tienen un proyecto de vida compartido?
  - ➢ ¿Lo que hacen en el día a día es coherente con su misión, visión, valores e identidad?

Servicio al Cliente

Imagínate que vas a comprar un coche nuevo y que tienes la opción de hacerlo con una de dos compañías: en la compañía A, el auto que quieres tiene un precio razonable, la compañía B te ofrece el mismo precio, y además sabes que te brindarán respaldo ante cualquier falla de tu automóvil, te asesorarán ante cualquier duda que puedas tener en el futuro y te ayudarán a vender el coche cuando decidas hacerlo ¿A qué empresa preferirías comprarle el coche? Las razones que muy probablemente te hayan inclinado a elegir la compañía B son responsabilidad del Departamento de Servicio al Cliente.

El Departamento de Servicio al Cliente es el encargado de mantener a los clientes satisfechos y leales a la marca y procurar que cada interacción con la empresa sea una experiencia agradable que deseen repetir. En muchos casos se encargan también de mantener una buena comunicación y una buena relación entre la empresa y el cliente.

Al igual que en el Departamento de Ventas, éste es uno de los aspectos en los que **conviene que consideres a tu pareja como tu cliente y pienses en ti mismo como el proveedor.**

Un buen servicio al cliente se caracteriza por:
- ✓ Ser cálido y personalizado.
- ✓ Mostrar interés genuino por las necesidades del cliente.
- ✓ Detectar las molestias del cliente antes de que se conviertan en quejas.
- ✓ Resolver los conflictos antes de que se vuelvan graves.
- ✓ Ser predecible (sabes que te darán una solución) pero sorpresivo (suele superar tus expectativas).

Diagnóstico del Área de Servicio al Cliente en MATRIMONIO, S. A.

- ✓ ¿Cómo es tu Departamento de Servicio al Cliente? ¿Es un departamento que va comenzando, está en plenas funciones o sólo existe en el papel?
- ✓ ¿De qué maneras se nota tu gusto por servir a tu cliente? (Hay parejas que se aman, pero que no saben demostrar su amor).
- ✓ Tu pasión por el servicio ¿también aplica cuando el cliente (tu pareja) viene de mal humor o hizo algo que te molesta, o sólo funciona cuando estás de buenas con él/ ella?, ¿lo perdonas?
- ✓ ¿Buscas maneras de **estar sin estar**? Por ejemplo, dejando una notita sorpresa, enviando un mensaje de texto, etc., cuando no puedes acompañar físicamente a tu pareja.
- ✓ ¿Tienes realmente un enfoque hacia tu cliente o

piensas que si "ya te compró, ya se amoló" y que "una vez salida la mercancía no se aceptan devoluciones"?

Consejo De Servicio Al Cliente

Gary Chapman nos habla de 5 formas de demostrar amor:

1. **Dedicar tiempo de calidad a la pareja** (es mejor "perder el tiempo" con tu pareja que, con el tiempo, perder a tu pareja),

2. Realizar actos de servicio grandes y pequeños,

3. **El contacto físico** (no necesariamente sexo),

4. **Regalos** (sin que tengan que ser costosos), y

5. **Palabras** de aprecio.

¿Cuál(es) le gusta(n) más a tu pareja?

¿Cuáles utilizas?

¿Con qué frecuencia?

Las palabras tienen un poder mágico, le dan forma a la manera en que percibimos la realidad, a nuestra forma de pensar y, por consecuencia, a nuestra forma de actuar: no es lo mismo decir "mi esposa" que "mi linda esposa", o "mi esposo" que "mi querido esposo".

- ✓ ¿Qué frases o palabras usas para comunicarte con tu cliente?
- ✓ ¿Para qué usas el poder mágico de tus palabras, para "invocar al ogro" o para generar armonía?
- ✓ Cuando hablas o escuchas ¿lo haces buscando conectarte con tu cliente o te limitas al intercambio de información?
- ✓ ¿Dices lo que se te ocurre o te pones en el lugar de tu cliente antes de hablar?
- ✓ ¿Procuras buscar el momento, lugar y forma más convenientes para hablar?
- ✓ ¿Cómo es la comunicación con tu cliente? Cuando

te comunicas ¿buscar ser escuchado, escuchar, o las dos cosas?, ¿cómo le demuestras a tu cliente que lo escuchas?

✓ En MATRIMONIO, S. A. ¿la información se comparte y fluye libremente, o se deforma o retiene a conveniencia?

✓ ¿Cuál es la fama o prestigio que le has construido a MATRIMONIO, S. A.? ¿hablas cosas buenas o malas de tu matrimonio con los demás?

✓ Cuando algo te molesta ¿lo platicas con tu cliente, dejas que "explote el volcán", o lo publicas en "radiopasillo" para que te den la razón?

✓ ¿Tu pareja es tu confidente o "tu basurero"?

En una actividad en que les preguntaron a varios niños de kínder "¿Cómo saluda tu papá a tu mamá?", un niño levantó la mano y dijo "Cuando llega a la casa, mi papi le dice a mi mami: '¿Qué hace esto aquí?'"

Y tú... ¿eres fan o *troll* de tu pareja?

Departamento de Recursos Humanos

Imagínate que vas de vacaciones y que puedes elegir entre dos hoteles. Cuando llegas a la recepción del primero, ves a los empleados discutiendo, nadie te atiende y, cuando te acercas a alguien para pedir informes, te dice que "no es con él", así que decides asomarte al segundo hotel. En cuanto entras, te saludan —observas y sientes que hay un ambiente agradable —te preguntan en qué pueden ayudarte, el motivo de tu viaje y con quién viajas para ofrecerte la habitación más conveniente. Te dan toda la información que necesitas... La diferencia en la atención entre un hotel y otro está en la forma de trabajar del Departamento de Recursos Humanos.

Algunas de las principales funciones del Departamento de Recursos Humanos incluyen asignar a la persona más conveniente para cada actividad, encargarse de conciliar cuando es necesario, ofrecer al personal oportunidades de *desarrollo, tener personas felices, productivas y comprometidas con la empresa y colaborar para que las actividades de cada persona y equipo contribuyan con los objetivos de la empresa.*

Diagnóstico del Departamento de Recursos Humanos en *MATRIMONIO, S. A.*

- ✓ En *MATRIMONIO, S. A.* ¿cómo eligen quién hace qué? ¿lo platican o queda al "ai se va"?
- ✓ ¿Cuál es el estilo de liderazgo predominante en *MATRIMONIO, S. A.?*, ¿se hace lo que una sola persona dice?, ¿hay diálogo?, ¿escuchan las propuestas del otro?
- ✓ ¿Viven juntos o sobreviven juntos?

- ✓ ¿Tu casa es un hogar o un lugar para llegar a comer y dormir?
- ✓ ¿Se antoja llegar a tu casa?
- ✓ En *MATRIMONIO, S. A.* ¿procuran desarrollarse a sí mismos y al otro, o sólo se usan o consumen mutuamente?
- ✓ ¿Se preocupan por crecer?, ¿por ser cada vez mejores personas?
- ✓ ¿Qué tan puesta tienes la camiseta de *MATRIMONIO, S. A.?*

> Consejo De Recursos Humanos
>
> No se trata de que tu esposo(a) y tú sean iguales, ni uno mejor que otro, se trata de que hagan un gran equipo.

Departamento de Producción

Imagínate que tienes hambre y que te encuentras con tres opciones de productos que puedes comprar para comer: el primero te va a quitar el hambre, aunque tal vez te haga daño; el segundo, además de quitarte el hambre, es nutritivo y saludable, mientras que el tercero nada más te quita el hambre, sin algún beneficio o daño. ¿Cuál elegirías? Si fuera tu negocio, ¿qué preferirías producir?

En las empresas, el Departamento de Producción es el encargado de la elaboración de los bienes (productos o servicios) que se ofrecen; dentro de sus responsabilidades está planear qué fabricar, cómo y cuándo hacerlo, así como asegurarse de contar con los recursos necesarios para llevarlo a cabo.

El producto de un matrimonio es lo que aporta a los que le rodean: su ejemplo como matrimonio, los resultados que obtienen de su labor en conjunto, sus hijos —en caso de tenerlos —etc.

Lo que *MATRIMONIO, S. A.* produzca va a depender del tipo de materias primas que use, es decir, lo que ambos piensan, sienten y dicen (además de lo que hacen, que es el equivalente al proceso de fabricación). Recuerda tener en cuenta el ingrediente secreto: **una actitud adecuada.**

Sus creencias e ideales son el motor que impulsa la producción. Imagina, por ejemplo, cómo serán las reuniones familiares de un matrimonio en el que piensan: "para ser feliz, hago feliz a mi pareja", y cómo serán las de otro matrimonio que considera que la familia es una carga.

> **Consejo De Producción**
>
> Viktor Frankl dijo: *"Todo puede serle arrebatado a un hombre, menos la última de las libertades humanas: el elegir su actitud en una serie dada de circunstancias..."*
>
> ¿Cómo aplicas esta frase a *MATRIMONIO, S. A.*?

Diagnóstico del Departamento de Producción en *MATRIMONIO, S. A.*

En *MATRIMONIO, S. A.*:

- ✓ ¿Cuál es el producto que fabrican?
- ✓ ¿Son productos que se antojan o que le crean mala fama al matrimonio?
- ✓ ¿Cuáles son sus creencias e ideales?, ¿cómo les ayudan en el día a día?

✓ Las personas se acercan a las empresas según lo que producen. ¿Para qué se acercan las personas a MATRIMONIO, S. A.?, ¿para pedir un consejo?, ¿sólo para salir a tomar?

> "El AMOR es para DARSE; si se guarda para uno mismo se marchita e invierte su polaridad (se convierte en amargura, resentimiento, egoísmo, soledad), en cambio, cuando se da, crece en la medida que se da (o más)".
>
> Dr. Juan Pablo Aguilar

Departamento de Calidad

Imagínate que tienes mucho tiempo siendo "fan" de un producto (te encanta, lo consumes y lo recomiendas continuamente) y, de repente y sin previo aviso, un buen día ya no es lo que era: si era algo muy práctico, ahora es difícil de usar; si era algo muy sabroso, se volvió insípido; si era muy cómodo, ahora te molesta, etc.

Para evitar que suceda esto, en las empresas existe el Departamento de Calidad, que es el encargado de planear cómo hacer para que los productos (o servicios) estén hechos de tal modo **que satisfagan a los clientes cada vez que los consumen**. Sus labores incluyen ver que las cosas se hagan según lo planeado, con las materias primas adecuadas, y que los productos realmente se adapten a lo que los clientes necesitan y quieren.

La calidad en *MATRIMONIO, S. A.* aplica tanto en el servicio a tu cliente (tu pareja) como hacia el exterior (los que los rodean) y para que sea constante es necesario planearla, es decir, producirla intencionalmente y revisar y mejorar periódicamente lo que hacen para "ofrecer un producto de calidad" (después de todo, **cuando la calidad no mejora, nos acostumbramos a ella y nos parece cada vez menor**).

No pueden obtenerse productos de calidad con procedimientos o materias primas defectuosos, de igual manera, si no elegimos cuidadosamente nuestras palabras, nuestros pensamientos (*sí, uno puede elegir qué pensar*) y nuestras acciones, será muy difícil que ofrezcamos un servicio de calidad a nuestro cliente o a los que nos rodean.

Diagnóstico del Departamento de Calidad en *MATRIMONIO, S. A.*

- ✓ Tu pareja es el especialista internacional en ti. ¿Aprovechas ese conocimiento?, ¿le pides que te ayude con lo que detecta que puedes mejorar?

- ✓ ¿Procuras agregar más ventajas o mejorar/actualizar continuamente lo que ofreces?

- ✓ ¿Cuáles son los requisitos mínimos de calidad en *MATRIMONIO, S. A.*?

- ✓ ¿Cuáles son los detalles o gestos que tu pareja considera "calidad 5 estrellas"?

- ✓ ¿La calidad es uniforme y planeada (haces las cosas con intención y es igual de buena todos los días) o depende de la casualidad, de su estado de ánimo, de la quincena, de las hormonas, etc.?

- ¿Sumas o restas a tu pareja, a tu comunidad, a tu entorno?

- ¿Tienes una política de garantía? (si "la riegas" ¿pides perdón? ¿tratas de corregir el daño?)

- ¿Sigues cumpliendo con tu promesa de calidad (amarte y respetarte...), o sólo es una frase para ti? ¿Cuáles son tus compromisos con tu pareja?

- ¿Cuidas las "materias primas" (lo que piensas, sientes y dices) y los "procedimientos" (la manera en que haces las cosas) de MATRIMONIO, S. A., o te permites usar materias primas de segunda, adulteradas, etc.?

Departamento de Mantenimiento

Imagínate que te cambias a vivir a una casa nuevecita y, una vez ahí, te limitas a habitarla, es decir, que no la impermeabilizas, no la pintas de vez en cuando, no reparas las pequeñas goteras que se pueden ir formando, etc. ¿En qué estado se encontrará después de algunos años? Así como las casas y otros edificios necesitan revisiones, ajustes, reparaciones, etc. también las relaciones necesitan atención para continuar en buen estado.

En las empresas, el Departamento de Mantenimiento es el encargado de revisar y conservar en buen funcionamiento la maquinaria, el equipo y las instalaciones. Seguramente MATRIMONIO, S. A. también necesitará mantenimiento, tanto para evitar desgastes y descomposturas (dialogar, darse tiempo para salir juntos, tener detalles para con el otro), como para arreglar lo que no está trabajando bien (pedir disculpas, perdonarse, cambiar los hábitos que causan roces, etc.).

Ninguna máquina puede funcionar 24/7 y no desgastarse; de igual manera, en *MATRIMONIO, S. A.* necesitan tanto buscar momentos para convivir de manera relajada como permitir momentos de soledad para que cada uno pueda reflexionar o simplemente atender un pasatiempo o ver una película que al otro no le guste, por poner algunos ejemplos; siempre buscando el equilibrio (que no por eso se pierda la convivencia entre ustedes). **Se trata de hacer una vida juntos, no de tener que estar todo el tiempo juntos.**

Diagnóstico del Departamento de Mantenimiento en MATRIMONIO, S. A.

- ✓ ¿Cómo se hacen las correcciones mutuas?, ¿desde el amor?, ¿qué tipo de lenguaje eligen?

- ✓ ¿Arreglas las situaciones cuando te das cuenta de que se están volviendo conflictivas, o te esperas a que "truenen"?

- ✓ Cuando detectas una fuente de conflicto ¿realmente te comprometes a mejorar, o sólo tratas de cubrir las apariencias para que tu pareja ya no te diga nada?

- ✓ ¿Sabes cuándo llamar a un especialista, o tratas de arreglarlo todo tú solo?

Consejo De Mantenimiento

La comunicación en *MATRIMONIO, S. A.* puede ser tanto una herramienta de mantenimiento como un elemento de desgaste, dependiendo de lo que elijas decir, cómo lo digas, en qué momento, con qué intención, etc.

Departamento de Innovación

Seguramente tienes un postre favorito, ahora imagínate que todos los días, por el resto de tu vida, vas a comer ese postre. ¿Te sigue haciendo la misma ilusión? Piensa en tu juego favorito, ahora piensa que tienes que jugarlo todos los días, desde hoy hasta que te mueras. ¿Te emociona la idea? Piensa en tu canción favorita, ¿qué pasaría si fuera la única música que pudieras escuchar a partir de ahora?

Por muy buenas que sean las cosas, por mucho que nos gusten, nuestra vida necesita variedad para no volverse monótona y tediosa.

El Departamento de Innovación se dedica a mejorar o transformar los productos y servicios existentes y a diseñar otros productos, servicios o complementos para satisfacer las necesidades y deseos de los clientes; este departamento a veces es subestimado, e incluso hay empresas en las que no existe, sin embargo, si no buscamos mejorar continuamente, nuestros productos corren el riesgo de volverse poco atractivos u obsoletos.

Piensa en la relación con tu pareja: si un día te lleva flores o te prepara tu comida favorita, seguramente te dará mucho gusto, pero si siempre hiciera lo mismo ¿no te aburriría? Por más bueno que sea algo, tarde o temprano nos acostumbramos a eso y con el tiempo dejamos de apreciarlo. Para que algo nos siga pareciendo atractivo, necesita ofrecernos de vez en cuando algunas sorpresas gratas o ventajas inesperadas.

MATRIMONIO, S. A. también necesita de pequeñas variaciones. No decimos que cambies de pareja o que tengas que reinventar la manera de hablarle todos los días, pero sí es necesario buscar esos pequeños grandes detalles que conviertan una salida al parque o una ida a los tacos en un momento único. Si lo piensas, *la rutina en sí no es un problema*, de hecho, puede ayudar a volver más rápidas algunas tareas. *Lo que en realidad es importante es evitar lo insípido de la monotonía.*

Consejo De Innovación

Recuerda que no se trata de innovar por innovar; también hay que saber reconocer cuando un cambio no funcionó, cuando se requiere hacer ajustes o deshacer el cambio. *Le pasa hasta a las mejores empresas.*

Así como las empresas cambian con el tiempo, las personas y los matrimonios también lo hacen. Parte de las responsabilidades del Departamento de Innovación de *MATRIMONIO, S. A.* es reconocer en qué etapa se encuentran. Al inicio son jóvenes y entusiastas; con el tiempo van acumulando años, pero también se conocen mejor, se tienen más confianza, son menos impulsivos, etc. Es natural que tu pareja haya cambiado —idealmente crecido y mejorado —con el tiempo; cuando pienses "no es la misma/ el mismo que antes", escoge pensar en lo positivo de esto y hacer los cambios necesarios para disfrutar las características de cada etapa, en lugar de añorar lo que pasaba en épocas pasadas. Es necesario darse oportunidad de mejorar y crecer, aceptar cada etapa de uno mismo, de la pareja y del matrimonio.

Diagnóstico del Departamento de Innovación en *MATRIMONIO, S. A.*

- ✓ ¿Qué haces para evitar la monotonía en *MATRIMONIO, S. A.*?, ¿qué haces para innovar?
- ✓ ¿Innovas según lo que tú piensas, o escuchas a tu cliente para saber si tus innovaciones realmente le sirven o le agradan?
- ✓ ¿Qué haces para apreciar o disfrutar la etapa específica en que se encuentra *MATRIMONIO, S. A.*?
- ✓ ¿Cómo detectas cuando hace falta una innovación?, ¿esperas a que sea urgente?

> Si lloras porque no puedes ver el sol,
> las lágrimas no te dejarán ver las estrellas.
> Rabindranath Tagore

Cuarto paso: Elaborar el plan de acción

En cualquier proceso de consultoría, una vez que se ha llevado a cabo el diagnóstico, el siguiente paso es definir qué se hará en las áreas que se desea mejorar. La consultoría de *MATRIMONIO, S. A.* no es la excepción.

Si queremos que nuestras buenas ideas y buenos deseos se conviertan en realidad, hace falta elaborar un plan de acción, elegir la manera de lograr los objetivos. Ahora ya sabes a dónde quieren llegar tú y tu pareja y descubriste qué tan cerca o lejos se encuentran de la meta. Al elaborar el plan de acción tendrás una guía que te ayude a organizar las actividades que tu socio(a) y tú llevarán a cabo para alcanzar los objetivos para *MATRIMONIO, S. A.*, de modo que tengan mayor probabilidad de éxito.

Para que el plan de acción sea útil, es importante que lo

tengan a la mano, de manera que puedan estar revisándolo constantemente y, si se requiere algún ajuste, lo hagan.

El *Diagrama de Perfeccionamiento Estratégico*, que incluimos a continuación, te ayudará a identificar qué cambios te conviene llevar a cabo en MATRIMONIO, S. A. para elaborar el primer borrador del plan que los guiará a la meta que se fijó al inicio de la auto-consultoría.

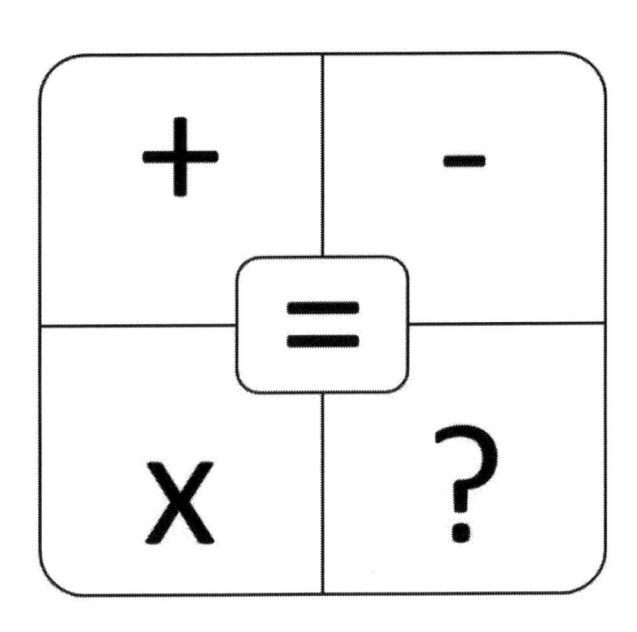

+	−
=	
×	?

Los significados de los símbolos son:

1.- **+** Lo que vas a **aumentar** en número de veces o en calidad.

2.- **−** Las cosas que **disminuirás** en frecuencia o intensidad, aunque sin dejar de hacerlas.

3.- **X** Lo que actualmente haces, pero en el futuro **evitarás** hacer.

4.- **?** Aquello que no existe en MATRIMONIO, S. A. pero hay que **crear**.

5.- **=** Tanto lo que ya se está haciendo y se **mantendrá** de la misma manera, como lo que no están haciendo y continuará sin hacerse.

Para que la lista anterior se convierta en un plan de acción, el siguiente paso es agregar a cada idea:

- ✓ **quién** la va a realizar
- ✓ **cuándo** la hará
- ✓ **cómo** se llevará a cabo.

Una vez que has hecho el diagnóstico de cada uno de los departamentos que forman *MATRIMONIO, S. A.* Te invitamos a responder las siguientes preguntas:

- ✓ ¿Qué tan cerca o lejos del objetivo que tú y tu socio(a) plantearon en la primera parte se encuentra actualmente *MATRIMONIO, S. A.*?
- ✓ ¿En qué te basas para decir eso?
- ✓ ¿Cuáles son los departamentos que ya están consolidados?
- ✓ ¿Cuáles son los que necesitan atención urgente?
- ✓ ¿Por dónde vas a empezar?

Quinto paso: Poner en marcha el plan

En una consultoría, todo lo que se ha hecho hasta este punto (alinear el enfoque, fijar el objetivo, hacer el diagnóstico y elaborar el plan de acción), es preparación para este paso, en el que comenzarán a construirse los resultados.

Para que su plan de acción los lleve a lograr sus objetivos —sonará obvio— hay que llevarlo a cabo. Algunos de los ingredientes clave son la actitud adecuada, la voluntad, la disciplina, la paciencia y la constancia. No esperes a que todo esté perfecto para trabajar en tu plan, comienza ahora.

Te sugerimos tener en cuenta algunos de los 10 puntos que mencionamos en la primera parte:

- ✓ Propón en vez de criticar.
- ✓ Cuando algo no te agrade, busca y propón una mejor manera de hacerlo.
- ✓ Date permiso de intentar algo nuevo.
- ✓ Piensa desde el aquí y el ahora.
- ✓ Si hay un problema, enfócate en encontrar la solución.
- ✓ Haz lo posible, en lugar de pensar en lo que no se puede.
- ✓ Céntrate en lo que depende de ti.
- ✓ Ten presente que el cambio es un proceso, no un evento.

Recuerda celebrar los pequeños logros: cada pequeño paso te acerca al objetivo final y vale la pena reconocerlo. Hacer esto te ayudará a mantener la actitud adecuada para llegar a tu meta. Si en algún momento sientes que flaqueas o llegas a pensar que no vale la pena, enfoca tu atención en *para qué* estás haciendo todos estos cambios y **cómo será *MATRIMONIO, S. A.* cuando lo hayas logrado.**

Sexto paso: Hacer revisiones y ajustes

Todas las empresas se encuentran rodeadas y, como ya dijimos, son influidas por un ambiente que está en cambio constante. Esto, sumado a alguna otra circunstancia que no se haya podido prever durante el diseño del plan de acción, hace que sea necesario ir haciendo ajustes y correcciones a este plan para que realmente pueda llevar al negocio hacia el objetivo que se planteó.

Lo mismo ocurre en *MATRIMONIO, S. A.* y es probable que con el tiempo (puede ser mucho o poco) tu socio(a) y tú se den cuenta que conviene hacer algunos ajustes a su plan de acción. Como ya mencionamos, esto es parte del proceso, así que, más que entristecerse, les sugerimos aceptarlo y aprovechar este aprendizaje. El hecho de que algunos ajustes lleguen a ser necesarios, por lo general no dependerá de ustedes; lo que sí pueden elegir es con qué actitud afrontarlos. Recuerda: **se trata de ajustar el camino para llegar al objetivo o la forma de recorrerlo, no de cambiar de objetivo.**

Incluimos en este libro nuestras reflexiones sobre el matrimonio a partir del mundo de los negocios y los procesos de consultoría, buscando que sean útiles para que tu socio(a) y tú logren un matrimonio más fuerte y feliz. En los anexos te compartimos algunos *tests*, reflexiones y herramientas que les ayudarán a lograrlo. A partir de este momento, ustedes deciden qué hacer con lo que les hemos compartido; deseamos que les ayude para que *MATRIMONIO, S. A.* ofrezca los mejores productos y genere muchas utilidades.

Mónica y Juan Pablo.

Epílogo: No todos los negocios son iguales

Así como hay características que son comunes a todos los negocios, también hay elementos que varían, dependiendo del giro, tamaño, edad, etc. de cada empresa. *MATRIMONIO, S. A.* es un negocio muy particular y presenta ciertos aspectos que no comparte con otros tipos de empresas. Te compartimos nuestras reflexiones sobre las diferencias entre los negocios tradicionales y *MATRIMONIO, S. A.*:

Cuando las cosas se ponen difíciles en un negocio cualquiera, una opción viable es abrir otras sucursales o, incluso, comenzar otros negocios de otros giros o en otras industrias, y esto es muy válido porque así, los recursos que se obtengan de estos últimos van a sumarse a los de tu negocio inicial o principal. Sin embargo, en

MATRIMONIO, S. A. las cosas son muy distintas, ya que tienes un contrato de exclusividad y "comenzar otros negocitos" (tener otra(s) pareja(s)), lejos de aportar, tendrá un efecto muy negativo en la relación.

En un negocio tradicional puede pedirse un crédito o incluir a más socios para obtener un mayor capital. *MATRIMONIO, S. A.* en cambio, es un negocio de dos y sólo de dos, así que, si bien se pueden conseguir asesores externos para ayudar a tener mayor claridad en algún aspecto particular, la responsabilidad sigue siendo suya: no es válido tratar de compartir la responsabilidad con los papás, los hijos, las comadres, etc.

Anexos

I. Test ¿Cómo anda MATRIMONIO, S. A.?

1. ¿Cómo inicias y cierras operaciones cada día?

2. ¿Haces un esfuerzo por encontrar las cosas buenas que tiene tu pareja, tu matrimonio? (lo malo se nota solo).

3. ¿En MATRIMONIO, S. A. hay lugar para la ternura y el gozo, para el juego y la diversión?

4. ¿Cómo manejan las finanzas en MATRIMONIO, S. A.?, ¿saben compartir los recursos o cada quien maneja discrecionalmente lo que gana?, ¿tienen partidas secretas o "guardaditos ocultos"?

5. ¿Qué estrategias usas para evitar las tentaciones? En caso de que la tentación se presente, ¿tienes un plan para enfrentarla?

II. 15 Enemigos de MATRIMONIO, S. A.

Si bien no hay una fórmula secreta y cada matrimonio es único e irrepetible como una obra de arte, hay algunas cosas que, en general, pueden debilitar o acabar con los matrimonios, incluyendo a *MATRIMONIO, S. A.* El primer paso es **identificar sinceramente cuáles de estos enemigos se encuentran ya en *MATRIMONIO, S. A.*** (no sólo las cosas que hace nuestra pareja sino, principalmente, las que hacemos nosotros, que son las que podemos cambiar) para después buscar la manera más conveniente de cambiar esa(s) situación(es).

1. Celos
2. Rencor
3. Egoísmo
4. Prejuicios
5. Monotonía

6. Amistades tóxicas
7. Secretos y/o mentiras
8. Tratar de controlar a la pareja
9. Falta de confianza en la pareja
10. Imposiciones (tengo que, tienes que)
11. Olvidar por qué y para qué están juntos
12. Enfocarse en lo negativo y lo desagradable
13. Llevar vidas separadas (aunque vivan juntos)
14. Pensar que las cosas tienen que ser tal como queremos que sean
15. _____

(usa este espacio para completar tu lista).

III. Cómo convertir errores en aprendizajes

"Nadie se equivoca a propósito, lo que sucede es que a veces tomamos decisiones a partir de información o emociones inadecuadas", a todos nos pasa. Lo que sí podemos hacer es aprender de nuestros errores para que cada vez sea menos probable que se repitan y, al mismo tiempo, nos vayamos convirtiendo en mejores personas. Te proponemos las siguientes preguntas que te ayudarán a lograrlo:

1. ¿En qué te equivocaste?

2. ¿Cómo quisieras que hubiera sido?

3. ¿Qué puedes hacer TÚ *(debe depender de ti, no de tu pareja u otra persona)* para que la próxima vez sea como hubieras querido?

4. ¿Hay algo que necesites (tiempo, calma, etc.) para poder hacerlo? ¿Cómo vas a conseguirlo?

5. Imagina lo más detalladamente posible cómo y en qué momento deberás hacer algo diferente la próxima vez que suceda algo parecido.

6. ¿Lo que has imaginado es posible y depende de ti? (si no, regresa al punto 3).

7. ¿Te agrada cómo serán las cosas si haces ese cambio?

8. ¿Qué aprendiste de todo esto?

¡Felicidades! Ya sabes cómo convertir un error en un aprendizaje.

IV. *Cosa de juego*

Cambiar el enfoque con que vemos algo nos puede ayudar a descubrir cosas nuevas. Para aplicar esta herramienta, te invitamos a imaginar que estar casado fuera un juego; seguramente te ayudará a ver las cosas desde otra perspectiva.

Supón que *MATRIMONIO, S. A.* es un juego de mesa...

1. ¿Cómo se llama ese juego?

2. ¿Quiénes son los jugadores?

3. ¿Qué hay que hacer para ganar?

4. ¿Cuáles son las reglas?

5. ¿Qué habilidades se necesitan para jugar?

6. ¿Qué recibes al ganar?

7. ¿Cuáles son los principales retos?

8. ¿Qué pasa si pierdes?

9. ¿Qué te puede hacer perder?

10. ¿Cuál es tu estrategia para ganar?

V. ¿Dónde está el enemigo?

En ocasiones lo que está afectando a MATRIMONIO, S. A. está en donde menos imaginamos. Te invitamos a responder las siguientes preguntas; puede ser que tengas descubrimientos interesantes.

Si quisieras empeorar MATRIMONIO, S. A. voluntaria e intencionalmente...

¿Qué deberías hacer o dejar de hacer?

¿Qué deberías pensar o dejar de pensar?

De lo que mencionaste en el punto anterior,

¿Qué cosas ya has estado haciendo o pensando?

¿Qué pasará si sigues haciéndolas o pensándolas?

¿Qué vas a hacer al respecto?

Acerca del INDRAC

INSTITUTO DE REINGENIERÍA ACTITUDINAL

PROFESIONALIZANDO ACTITUDES PRODUCTIVAS

¿Quiénes somos?

Un equipo de **personas apasionadas** por la investigación, desarrollo y aplicación de la **Reingeniería Actitudinal**.

¿Qué hacemos?

Contribuimos a que personas y negocios **liberen su potencial** y reescriban su historia.

¿Por qué lo hacemos?

Porque **nos gusta compartir** lo que hemos desarrollado **con las personas y negocios** que quieren liberar su potencial y reescribir su historia.

¿Para qué lo hacemos?

Para **ser el aliado que impulse** a personas y negocios a liberar su potencial y reescribir su historia.

¿Cómo lo hacemos?

Mediante la **integración de nuestras técnicas y herramientas** a las charlas, talleres, conferencias, certificaciones y publicaciones que conforman nuestro portafolio de productos y servicios.

¿Desde cuándo?

El Instituto de Reingeniería Actitudinal (INDRAC) fue fundado en febrero de **2014** por el Dr. Juan Pablo Aguilar Meza, Mónica Pérez Contreras y el apoyo de una red de expertos comprometidos con la mejora de la actitud.

Para más información, visita: **www.indrac.org**

Made in the USA
Columbia, SC
08 April 2023